DAS KÄFER ALBUM

ANDREA & DAVID SPARROW

Motor
buch
Verlag

Einbandgestaltung: Nicole Lechner unter Verwendung des Umschlages der Originalausgabe

Die Originalausgabe ist erschienen unter dem Titel
Beetle - Colour Family Album

Die Übertragung ins Deutsche besorgte Hermann Leifeld

ISBN 3-613-01870-5

1. Auflage 1998

Lektorat: Joachim Kuch
Satz: IPa, 71665 Vaihingen/Enz
Printed in Hong Kong

DANK

Mon und Cory Martens, Wim Koelman, Jef van den Broek, Etienne Mertens, Gary Angell, Howard Cheese, Jean Sares, Herr und Frau van Rinsum, Mathilda Celie, Ben Bochanen, Esther van Maasdegk, Karin Schneider, Joep van Huykelom, Peter Kuypers, Dirk Grobben, Henri und Marie-Jeanne Grobben, Olaf Siemes, John de Bock, Martin Sweeney, Frau Harland, Karen Farrell, Roy Watts, Sue Werhli, Liz Abbott, Andrew Wilson, Cherie Swift, Fred Sym, Peter van der Berg, Robin Allen, Walter Smits, Gerard Wilke, Paul van Elderen, Henk Tobias Zetlmeisl, Hans-Joachim Braver, John und Sue Rice, Denise Talmage.

Shaun Hollanby von »Big Boy's Toys« für die Einladungen zu den Rennen um den Käfer-Cup, Brian Burrows für die Unterstützung im Bereich des Käfer-Drag-Racing, insbesondere auf dem Avon-Park-Kurs, Andries Zwann, Tony Oliver von »TLO Film Services«, Clive Pearson, Dave Chappell bei Trevegue, Peter Cheeseman von »Wizard«, Hans Schukkenbohmer für seinen fantastischen *Schwimmwagen*, Mitglieder des »British VW Cabriolet Owners' Club«.

Im Rahmen der Entstehung dieses Buches hat es so viele besondere Momente gegeben, daß es unfair gewesen wäre, an dieser Stelle nur einige wenige zu nennen. Alle, die hier aufgeführt sind, verdienen diesen Dank, denn ohne ihre Hilfe wäre das Buch nicht das, was es ist. Besonderer Dank gebührt jedoch Robin Allen, der uns mehr half, als ihm selbst bewußt war, indem er immer freundlich und hilfsbereit war und uns sanft in die richtige Richtung führte.

Großen Spaß gemacht hat uns die Zeit mit dem niederländischen »Kever Club«, der nicht nur wunderschöne Fahrzeuge zur Verfügung stellte, sondern auch dafür sorgte, daß sie vor einem faszinierenden Hintergrund aufgenommen werden konnten. Ein Dank an alle Mitglieder des Clubs und insbesondere an Paul van Elderen und den immer freundlichen und hilfsbereiten Gerard Wilke.

In England stellte uns Clive Pearson seinen *Kübelwagen* zur Verfügung, und mit ihm

zusammen hatte ich da:
Vergnügen, das in einen
Wundverband gehüllte
Supermodel Jenny Irvine
die kleinen Wagentüren
bugsieren – wie Soldate
voller Ausrüstung das ge
haben, wird für mich imı
Rätsel bleiben (ich sollte
dings darauf hinweisen,
Jenny nur am Bein eine
Verband trug). Wir ware
traurig, als die Aufnahm
beendet waren! Danke
an Tony Oliver, der seine
trotz Zeitdrucks für mich
Garage holte und auf
Hochglanz brachte.

In Belgien leistete D
Grobben Großartiges. S
Krankenwagen mit ge
Windschutzscheibe ist i
noch im Originalzustan
deshalb zog er
Operationskleidung ar
überredete seine beid
manten Cousinen Ilse
Dinny, sich zuerst als
Krankenschwestern ur
bei den Aufnahmen n
Kuypers 181, als Schwe
einer anderen Art zu v
den. Anschließend wu
von Marie-Jeanne un
Grobben auch noch
bewirtet. Die Autos vo
und Cory Martens sin
sem Buch an vielen S
sehen, und das aus g

582
B
GKR·152
rommelpot 5

Weise seinen langgehegten Traum realisieren konnte. Die Karosserien der Prototypen wurden bei der Firma Reutter gebaut, und es dauerte nicht lange, bis die Fahrzeuge fertig waren und getestet werden konnten. Dabei stellten sich jedoch schwerwiegende Probleme heraus. Die Kühlung reichte absolut nicht aus, das Getriebe war fehlerhaft, und die Aufhängung brach. Porsche ließ sich nicht entmutigen, aber die allgemeine wirtschaftliche Lage verschlechterte sich schnell, so daß Neumeyer widerwillig beschloß, sein Kleinwagenprojekt aufzugeben.

Porsche war damit wieder am Ausgangspunkt angelangt, gab aber nicht auf. Schon bald verhandelte er mit NSU über einen Kleinwagen in etwa der gleichen Grundform, jetzt aber mit luftgekühltem Vierzylindermotor und vollständig neu konstruiertem Getriebe und Chassis. Davon wurden drei Prototypen gebaut, darunter zwei mit Karosserien von Reutter. Es traten Probleme auf, die sich aber als lösbar erwiesen, so daß die Fahrzeuge unter einer Vielzahl von Bedingungen gute Leistungen erbrachten. Dann lief wieder einmal alles schief für Porsche. Fiat erinnerte NSU daran, daß es zwischen den beiden Unternehmen eine Abmachung gab. Als Fiat das frühere NSU-Autowerk gekauft hatte, war festgelegt worden, daß NSU keine Autos mehr bauen durfte. Die Abmachung war nicht zu umgehen. Man kann sich gut vorstellen, was das für Porsche bedeutete, aber es lag nicht in seiner Natur aufzugeben. Er legte das Projekt auf die Seite und vertraute darauf, daß sein Tag in einem besseren Wirtschaftsklima schon noch kommen würde.

Die Geburt des Käfers

Eines Tages im Jahre 1933 befand sich Jakob Werlin auf einer kurzen Geschäftsreise in Stuttgart und beschloß, einem ehemaligen Kollegen aus den Tagen bei Daimler einen Besuch abzustatten – Ferdinand Porsche. Werlin hatte bei Daimler gute Leistungen gezeigt und war zuständig für den Mercedes-Verkauf im Raum München. Außerdem war er gut mit

Links: Ein wunderschöner Käfer in Polarsilber aus dem Jahr 1956 und ...

... ein gleichermaßen beeindruckendes Exemplar von 1951, beide mit viel Zubehör aus der damaligen Zeit

Exportmodell aus dem Jahre 1951. Porsche bewunderte Henry Ford, dessen Ford T in jeder Farbe zu haben war, solange es sich um Schwarz handelte, aber Heinrich Nordhoff entschied, daß Schwarz beim Käfer nur eine von mehreren Optionen sein sollte.

Der 1303: Die McPherson-Federbeine vorn stellten eine radikale Änderung dar, und die Karosserie war weitaus rostanfälliger als beim Vorgängermodell.

In Deutschland und England konnte man genau passende Koffer für den Raum hinter der Rückbank kaufen.

Adolf Hitler bekannt; die beiden Männer hatten vielfach über Hitlers Plan gesprochen, die Fertigung kleinerer und billigerer Autos zu fördern, um es jedem Deutschen zu ermöglichen, ein Auto zu kaufen. Werlin erkannte, daß er mit Porsche jemanden vor sich hatte, der schon ein gutes Stück auf dem Weg zum »Volkswagen« zurückgelegt hatte und die nötigen Kenntnisse und Erfahrungen besaß, um ein solches Projekt durchzuführen.

Porsche wurde nach Berlin zu Werlin einbestellt und erfuhr dort zu seiner großen Überraschung, daß Hitler mit ihm über seine Pläne für einen Kleinwagen sprechen wollte. Er hatte Hitler schon bei einer früheren Gelegenheit getroffen, aber nicht daran gedacht, daß er sich an ihn erinnern würde. Als Porsche aus Berlin abreiste, wußte er, woran Hitler dachte: einen Kleinwagen mit luftgekühltem Motor für zwei Erwachsene und drei Kinder mit Gepäck, günstig in der Unterhaltung, geeignet für die neuen Autobahnen – und alles zum Preis von weniger als 1000 Mark.

Porsche arbeitete an Konstruktion, Kostenplanung und entsprechenden wirtschaftlichen Planungen für das Projekt und war Anfang 1934 so weit, daß er Hitler einen Plan für den Bau eines *Volkswagens* vorlegen konnte. Dabei achtete er darauf, sich nicht auf den vorgegebenen Preis zu verpflichten, weil er sich absolut nicht sicher war, den Wagen für 1000 Reichsmark bauen zu können – persönlich glaubte er, auch ein Verkaufspreis von 2000 Reichsmark würde nur schwer zu erreichen sein.

Zwei Monate später erklärte Hitler in seiner Rede zur Eröffnung der Berliner Automobilausstellung, er bedaure, daß es kein Auto gebe, das sich jedermann leisten könne. Nach der Ausstellung wurde Porsche dem Verkehrsminister vorgestellt, der ihm erklärte, daß die Idee des Volkswagen Zustimmung gefunden habe, daß er aber noch an den Kosten arbeiten solle – höchstens 1000 Reichsmark! Im Juni 1934 erfuhr Porsche jedoch, daß für das Projekt Volkswagen grünes Licht gegeben worden sei. Verschiedene Hersteller sollten angewiesen werden, ihm Teile zu reduzierten Preisen zu liefern.

Diese »flachen« traten 1965 an die Stelle der klassischen kuppelförmigen Radkappen.

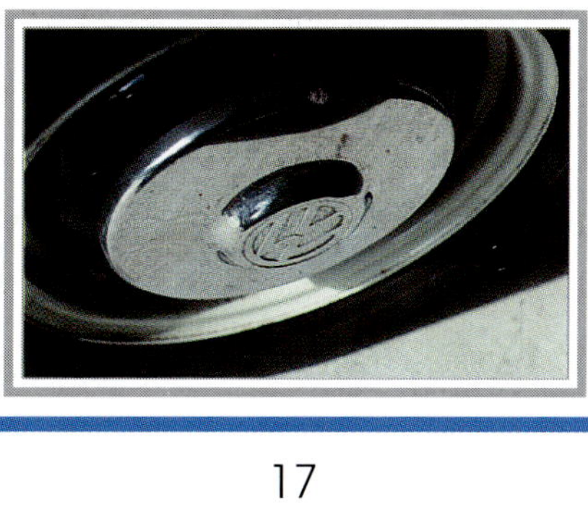

Die Arbeit an diesen Fahrzeugen verlief anfänglich reibungslos, doch es gab die bei Prototypen üblichen Probleme. Werlin teilte Porsche jedoch mit, daß Hitler den Zeitplan nicht so eng sehe, wie zu vermuten gewesen wäre.

Im Oktober 1936 wurden die drei Prototypen offiziell einem Vertreter des Reichsverbandes der Automobilindustrie vorgestellt. Anschließend begannen umfangreiche Tests auf allen Arten von Straßenbelägen und bei jedem Straßenzustand. Bis Dezember hatten alle drei Fahrzeuge die geforderten 50000 Kilometer zurückgelegt. Nach Meinung der für die Auswertung der Testfahrten verantwortlichen Stellen konnte das Projekt Volkswagen ein Erfolg werden und verdiente die Weiterentwicklung.

Nun erfolgte die Gründung der Volkswagen-Gesellschaft

unter dem wachsamen Auge von Robert Ley, dem Reichsleiter der Deutschen Arbeitsfront, dem auch deren Unterorganisation »Kraft durch Freude« unterstand. Porsche erhielt die Genehmigung, alle für erforderlich gehaltenen technischen Verbesserungen und Änderungen vorzunehmen, solange sie sich im Rahmen der Vorgaben hielten. Geld spielte keine Rolle, da Ley alles beschaffte, was Porsche brauchte. Werlin sorgte dafür, daß dreißig weitere Versuchswagen gebaut wurden, dieses Mal bei Daimler-Benz. Diese Wagen, die sogenannte 30er Serie, waren binnen vier Monaten einsatzbereit und wurden sofort einer ausge-

Die 12-V-Elektrik ließ die Augen des Käfers heller erstrahlen.

dehnten Erprobung unterzogen. In der Zwischenzeit entstanden noch einmal dreißig Fahrzeuge für die weitere Erprobung bei Schlechtwetter: die sogenannte 60er Serie. Während der Erprobung reisten Porsche, Werlin und Dr. Lafferentz, ein Assistent von Robert Ley, in die USA, um Spezialisten für die Automobilfertigung zu suchen. Porsche konnte sich dabei mit den von ihm bevorzugten amerikanischen Methoden der Massenfertigung befassen und traf auch mit Henry Ford zusammen, den er sehr bewunderte.

Ley suchte unterdessen nach einem geeigneten Gelände für das neue Volkswagen-Werk und erörterte mit Hitler seine Pläne für den Verkauf des neuen Wagens. Zwar hatte der niedrige Preis des Volkswagens bei der Entwicklung eine große Rolle gespielt, aber auch dieser Preis würde noch über die Möglichkeiten vieler normaler Deutscher hinausgehen. Ley trat für ein Ansparsystem ein: es sollten Sparkarten ausgegeben werden, und in jedem Ort sollten die entsprechenden Marken zu kaufen sein. Neben der Verkaufsförderung würde dieses System dem Werk exakte Zahlen für die zu produzierenden Stückzahlen an die Hand geben und gleichzeitig das dazu erforderliche Geld bereitstellen, und zwar zinslos!

Ley fand schließlich das Gelände, das er für das Werk brauchte – bei der Wolfsburg östlich von Hannover. Das Land wurde trotz der Einwände des Besitzers, dessen Familie es seit

Ein kleiner Sonnenstrahl

INSPIRATION
53
SALE

Generationen gehörte, für den geplanten Bau vorgesehen. Einwände kamen auch von Leys Kollegen aus dem Kriegsministerium, die darauf hinwiesen, daß die vorgesehene Fabrik ideal zu bombardieren sei. Aber Ley und Hitler setzten sich durch; der Volkswagen würde in Wolfsburg gebaut werden.

Chefarchitekt für dieses immense Projekt war ein junger Mann namens Peter Koller. Er sollte nicht nur ein Werk bauen, sondern auch eine ganze Stadt für 90 000 Menschen! Hitler genehmigte seine Pläne bis auf die beiden Kirchen, die Koller eigentlich auch vorgesehen hatte.

Am 26. Mai 1938 wurde der Grundstein für das Volkswagen-Werk gelegt. Das beeindrukkende Kunststück, ein Auto zu einem so geringen Preis zu bauen, und die blumigen Reden bei der Grundsteinlegung trugen Hitler und seiner Partei viel Unterstützung in der Öffentlichkeit ein. Die Realität sah natürlich ganz anders aus. Auch in der Praxis zeigten sich Probleme. Die Vereinigten Staaten erteilten ihrer Industrie nur zögernd die Genehmigung zum Export von Maschinen nach Deutschland, und es bestand ein akuter Mangel an Arbeitskräften für den Bau des Werks und der Stadt. Die Lösung dieses Problems wurde gefunden in Form von Tausenden von italienischen Gastarbeitern, die rund um die Uhr arbeiteten, so daß Werk und Stadt allmählich Gestalt annahmen.

In den sechziger Jahren umfaßte die sehr gute Farbauswahl auch dieses Pastellblau.

WH-01095
Kfz le Pkw
Leergew. 680
Nutzlast 486
Verl kl 11

Der Kübelwagen besaß Halterungen für Ausrüstungsteile wie diese Schaufel.

die hochfliegenden Pläne für die Stadt standen erst am Anfang der Umsetzung. Die Arbeiter – jetzt keine Italiener mehr, sondern Zwangsarbeiter aus allen besetzten Ländern – produzierten den gesamten Krieg hindurch überwiegend Rüstungsgüter. Es gab häufig Angriffe der alliierten Truppen auf das Werk, und im August 1944 lag es zum größten Teil in Schutt und Asche. Im darauffolgenden Monat wurden Porsche und seine Mitarbeiter nach Österreich evakuiert. Das KdF-Ideal – Traum weniger und Alptraum vieler – war mehr oder weniger gestorben.

Als die Zwangsarbeiter in Wolfsburg eines Morgens im Jahre 1945 erwachten, waren ihre Bewacher verschwunden.

Der Kübelwagen war nicht nur robust und flexibel einsetzbar, sondern besaß auch den großen Vorteil, daß er von relativ unerfahrenen Fahrern gefahren werden konnte.

Kn447-92

Daraufhin brach das Chaos aus. Viele ließen ihre Wut an allem aus, was sich zerstören ließ. Andere versuchten, sie zu besänftigen, während sie hofften und beteten, daß die alliierten Truppen eintrafen, was dann schließlich am 10. April auch geschah. Zu diesem Zeitpunkt war vom Werk und von den zugehörigen Einrichtungen kaum noch etwas zu gebrauchen; es hatte den Anschein, daß Porsches Kleinwagenprojekt am Ende war, bevor es je das echte Produktionsstadium erreicht hatte. Porsche wurde in Österreich drei Monate unter Hausarrest gestellt und kam anschließend für etwa die gleiche Zeit in ein Lager bei Frankfurt. Von dort wurde er im März 1946 nach Paris und dann nach Dijon verlegt, wo er im August 1947 freigelassen wurde.

Nach der Aufteilung Deutschlands in Besatzungszonen waren für Wolfsburg die Briten zuständig. Sie übernahmen eine ausgebrannte, überschwemmte Ruine, ein Gewirr von rostenden Maschinen und eine kleine, äußerst demoralisierte Belegschaft, die es allen Widrigkeiten zum Trotz geschafft hatte, die Stromerzeugung für das Werk in Gang zu halten. Schon bald kehrte ein Teil der deutschen Arbeiter aus der Umgebung zurück, um die britischen Militärfahrzeuge zu warten. Es dauerte nicht lange, bis sie unter Nutzung einer provisorischen Werkstatt und allem, was sich finden ließ, die Arbeit organisiert hatten. Kurz dar-

Der Schwimmwagen war zwar äußerst robust, aber auch so leicht, daß er vorn von einem Mann angehoben werden konnte.

Der Schwimmwagen erreichte eine Höchstgeschwindigkeit von 80 km/h an Land und 24 km/h im Wasser. Hier ist der Propeller für die Landfahrt hochgeklappt.

auf wurde eine Werkstatt der britischen Pioniere eingerichtet.

Wenn die Arbeit es erlaubte, suchten die Arbeiter das Werk nach allem ab, was sich gebrauchen ließ, und auf diese Weise erblickten die ersten Teile für den Volkswagen das Licht der Welt. Der zuständige britische Offizier, Major Hirst, trieb den Wiederaufbau voran. Es gab jede Menge Arbeitskräfte – Tausende flohen aus der sowjetischen Zone. Aber diese Arbeitskräfte brachten neue Probleme mit sich, da sie untergebracht und ernährt werden mußten.

Der VW-Motor des Schwimmwagens – ideal für den Zweck geeignet und problemlos an den Propeller anzukuppeln

DO
HV 3

Zu diesem Zeitpunkt befaßten sich britische Fachleute eingehend mit Volkswagen, der Konzeption, dem Auto und dem Werk – mit durchaus gemischten Ergebnissen. Die britischen Behörden wären froh gewesen, wenn sie alles hätten verkaufen können, aber es gab keine Angebote. Sie wollten das Werk aber nicht schließen, weil es zum einen als Produktionsstätte für in Deutschland genutzte Fahrzeuge nützlich war und zum anderen dazu beitrug, die Arbeitslosigkeit vor Ort zu bekämpfen und somit für sozialen Frieden zu sorgen. Aber sie waren sich auch darüber im klaren, daß das Werk letzten Endes an die deutsche Regierung übergeben werden mußte, und suchten daher nach jemandem, der dazu ausgebildet war, den ganzen Betrieb zu leiten. Die Wahl fiel auf Dr. Heinz Nordhoff, der früher bei BMW und Opel gearbeitet hatte. Er unterschrieb Anfang 1948 seinen Vertrag und wurde im September 1949, als die Briten die Verfügungsgewalt über das Werk abgaben, Generaldirektor. Nordhoff stand vor einer ungeheuer schwierigen Aufgabe. Er brauchte Maschinen, die teilweise nur im Ausland zu bekommen waren, und die einzige Möglichkeit, die dazu erforderlichen Devisen zu beschaffen, bestand im Export. Obgleich er 1949 dank der allmählich stabiler werdenden Wirtschaftslage in Deutschland über 40 000 Fahrzeuge verkaufen konnte, startete er daher eine Exportoffensive und stellte seinem Produkt, das teilweise einzig aufgrund der Tatsache, daß es aus Deutschland kam, auf Ablehnung stieß, ein erstklassiges Kundendienst- und

Teilesystem an die Seite. Der Plan funktionierte. Im Jahre 1950 verdoppelte sich die Produktion, während die Exportzahlen auf das Vierfache stiegen.

Dr. Porsche starb im Januar 1951 in Stuttgart. Sein Kleinwagenprojekt war unter Nordhoff doch noch Realität geworden, und die Stadt Wolfsburg wuchs und erhielt, oft mit Hilfe des VW-Werks, die erforderlichen Einrichtungen. Peter Koller, der ursprüngliche Architekt, der als einfacher Soldat am Krieg teilgenommen und zwei Jahre in einem russischen Kriegsgefangenenlager verbracht hatte,

Die wenigen während des Krieges gebauten Limousinen wurden von hochstehenden Parteigenossen gefahren.

Hitler hatte das politische Kapital, das sich aus Porsches Vorstellungen von einem Volkswagen schlagen ließ, gut abgeschätzt.

kehrte nach Wolfsburg zurück und erhielt vom neu gebildeten Stadtrat den Auftrag, eine der beiden Kirchen zu bauen, die er von Anbeginn an vorgesehen hatte.

3
EVOLUTION

Die Grundform des Käfers hat sich während der gesamten, außergewöhnlich langen Produktionszeit kaum verändert. Die Änderungen, die tatsächlich vorgenommen wurden, waren Modellpflegemaßnahmen und Verbesserungen, aber keine radikalen Neukonstruktionen – Evolution statt Revolution. Sie entstanden aus verbesserter Technik (Umstellung auf 12-Volt-Elektrik und Leistungssteigerungen), als Reaktion auf geänderte Fahrbedingungen (größeres Heckfenster und größere Rückleuchten) und, gelegentlich, aus dem Bedürfnis, das Design zu modernisieren (»aufgeräumteres« Armaturenbrett).

Der Käfer, der 1945 schließlich in die Fertigung ging, besaß den 1131-cm³-Motor (75mm x 64mm Bohrung x Hub) aus dem *Schwimmwagen* – nominell war er also ein 1200er. Der Motor war – wie der Tatra-Motor von Kahles – als Vierzylinder-Boxer ausgelegt und wurde über einen senkrecht stehenden Ventilator gekühlt, der auf der Welle der keilriemengetriebenen Lichtmaschine saß, die in einer eigenen Halterung auf dem Kurbelgehäuse angeschraubt war. Rippen an den Zylindern und den Zylinderköpfen aus Leichtmetall (zwei Zylinder pro Kopf) sorgten für eine größere Oberfläche und somit eine wirksamere Kühlung. Die Zylinder waren mit einem zweiteiligen Kurbelgehäuse verschraubt, das gleichzeitig als Ölbehälter diente, d.h., es gab keinen gesonderten Sumpf.

Die Kurbelwelle aus geschmiedetem Stahl war mittig montiert. Unmittelbar über ihr saß die direkt angetriebene Nockenwelle, die über Stößelstangen die Ventile steuerte. An einem Ende der Kurbelwelle befand sich der Verteiler, der über Zahnrad angetrieben wurde und bei der regelmäßigen Wartung gut zu erreichen war (und ist).

Mit einem Verdichtungsverhältnis von 5,8:1 entwickelte der Motor 25 PS bei 3300 U/min. Er besaß ursprünglich einen Solex-Fallstromvergaser, der über eine mechanische Pumpe mit Benzin versorgt wurde. Da das Solex-Werk in der sowjetischen Besatzungszone lag, wurden bis 1950 keine Solex-Vergaser geliefert, so daß bis dahin in Wolfsburg ein Vergaser mit Gehäuse und Schwimmergehäuse aus senkgeschmiedetem Aluminium gefertigt wurde, dessen Kleinteile von Zulieferern bezogen

wurden. Die Abgasanlage bestand aus zwei Rohren, die in einen Auspufftopf mündeten. Wärmetauscher an den Auspuffrohren sorgten für die Heizung im Innenraum.

Der neue Wagen besaß Einzelradaufhängung. Die vorderen Drehstäbe bestanden aus laminierten Metallstreifen in den beiden Rohren, die die Vorderachse bildeten und auch das Lenkgetriebe trugen. Die ursprüngliche Schraubenlenkung wurde 1965 durch eine Schneckenlenkung ersetzt. Doppelt wirkende Teleskopdämpfer vervollständigten die Vorderachsaufhängung.

Die hintere Schwingachse war an Trapezlenkern und runden Drehstäben aufgehängt. In unbeladenem Zustand verlieh sie den Hinterrädern einen positiven Sturz, der sich unter Belastung zu negativ veränderte. Unglücklicherweise neigte das Heck bei starkem Bremsen zum Hochschwingen, so daß die Räder den unerwünschten positiven Sturz bekamen. 1966 wurde die Hinterachsaufhängung durch eine größere Spur und eine zusätzliche Ausgleichsfeder verbessert, um einen permanenten negativen Sturz zu erreichen. Beim 1500 Automatik des Jahres 1967 erhielten die Antriebswellen zwei Gelenke, so daß der Sturz konstant bleiben konnte.

Die Bremsen (Trommelbremsen an allen Rädern) wurden ursprünglich über Seilzüge betätigt. Hydraulische Bremsen gab es zum ersten Mal im Jahre 1950 – aber nur für die Exportmodelle, beim 1200 Standard kamen sie erst 1964! Scheibenbremsen – nur vorn – waren erstmals beim 1500er des Jahres 1967 erhältlich.

In den kleinen Motorraum des Käfers paßt auch noch ein Kompressor...

Das letzte neue Käfermodell – der 1303

Der Käfer hatte bei der Einführung ein Vierganggetriebe. 1952 bekamen die Exportmodelle ein bis auf den ersten und den Rückwärtsgang synchronisiertes Getriebe. Ab 1960 war auch der erste Gang synchronisiert.

Hubraum und Leistung änderten sich häufig. Die Leistung stieg 1954 auf 30 PS und 1960 auf 34 PS. Der 1966 eingeführte 1300er Motor leistete 40 PS und der 1500er des folgendes Jahres 44 PS. Der 1302 erschien in der Standardausführung mit 1300er Motor mit Doppelansaugkanal und Vergaser Solex 31 PICT-3 und als 1302S mit 1600er Motor und 50 PS. 1973 wurde der 1302 durch den 1303 ersetzt, der wahlweise mit 1300er und 1600er Motor zu haben war. Die Ölkrise in der Mitte der siebziger Jahre ließ die Leistungswerte wieder sinken: Ein 1200er mit spartanischer Ausstattung und ohne Extras erlebte eine kurze Wiedergeburt.

Die Nachteile der hinteren Schwingachse und der den verfügbaren Kofferraum begrenzenden Vorderachsaufhängung wurden schließlich 1971 mit der Einführung des 1302 beseitigt. Durch die MacPherson-Federbeine vergrösserte sich der Kofferraum um 85 Prozent. Die Hinterachsaufhängung des 1302 mit Antriebswellen mit Doppelgelenk stammte aus dem 1500 Automatik. Der 1303 des Jahres 1973 erhielt nicht nur eine größere Windschutzscheibe, sondern auch noch eine Zahnstangenlenkung. Das Grundmodell 1200 blieb unverändert.

Dieser 67er Käfer hat den Tankstutzen im Kofferraum und die Blinker auf den Kotflügeln.

Die ersten Fahrzeuge besaßen noch einen zylindrischen Benzintank, der aber schon bald durch einen kastenförmigen 40-l-Tank ersetzt wurde. Die letzten fünf Liter konnten über einen Hebel im Fußraum »abgerufen« werden.

Das Heckfenster des Käfers entwickelte sich nach einem einfachen Schema: Es wurde im Laufe der Jahre größer und größer. Die Prototypen besaßen

Ab 1953 machte das berühmte »Brezel«-Heckfenster dem ovalen Fenster Platz.

hinten überhaupt noch kein Fenster – die Testfahrten müssen, insbesondere auf normalen öffentlichen Straßen, gelegentlich beängstigende Erlebnisse gewesen sein. Am Anfang der Serienfertigung stand das berühmte geteilte Heckfenster – gut erhaltene Exemplare mit dieser Rückansicht sind unter Sammlern wohl am begehrtesten. 1953 fiel die trennende Mittelleiste weg, es kam das ovale Heckfenster, das auch im Austausch gegen das geteilte Fenster erhältlich war. Das deutet darauf hin, daß das größere Fenster als Reaktion auf Käuferwünsche eingeführt wurde. Ab 1958 trat an die Stelle des kleinen ein größeres, rechteckiges Heckfenster, das den ärgerlichen toten Winkel beträchtlich verkleinerte. Noch größer wurde die hintere Glasfläche mit der Einführung des 1300ers im Jahre 1966 und dann noch einmal 1973 mit dem 1303.

Die Motorhaube wurde mehrfach geändert. Das Original, das im Rückblick etwas merkwürdig aussah, wurde 1947 ersetzt durch die Haube mit der »Papstnase«, in deren Form sich das ovale Heckfenster widerspiegelte. 1952 erhielt die Nase eine weniger römische Form, und 1953 bekam die Haube den T-förmigen Griff (der 1965 durch einen Druckknopf ersetzt wurde). 1958 erhielt die Haube insgesamt eine weniger kurvige Form.

Während die Änderungen am Heckfenster das Aussehen des Käfers beträchtlich beeinflußten, so galt das nicht für die Windschutzscheibe, die aber auch nach und nach größer wurde, nämlich zum ersten Mal im Jahr 1958, dann wieder 1965 und schließlich noch einmal

Das geteilte Heckfenster und die Motorhaube mit der »Papstnase« rufen Erinnerungen an die späten 40er Jahre wach.

1958 wurde eine schlichtere Motorhaube eingeführt. Der T-förmige Griff geht auf das Jahr 1953 zurück.

Beim späteren Käfer war der untere Teil der Motorhaube eckiger.

1973 beim 1303, der eine noch größere, gerundete Windschutzscheibe erhielt. Die Kofferraumhaube erfuhr die grösste Veränderung mit dem 1302 und seinem Nachfolger 1303. Die vorderen Seitenfenster wurden 1952 insofern verbessert, als Fensterheber mit einer neuen Übersetzung für schnelleres Öffnen und Schließen sorgten. Dieses Jahr brachte auch eine Reihe kleinerer Detailänderungen mit sich: Die Innenbeleuchtung wanderte aus dem Fond unmittelbar über die Türsäule, der Rückspiegel erhielt eine rundere Form, und es kamen wirkungsvolle selbstparkende Scheibenwischer. 1961 war das Jahr einer ausgeklügelten neuen Scheibenwaschanlage, die den erforderlichen Luftdruck aus dem Reservereifen bezog.

Damit wären wir bei den Rädern. Die ursprünglichen 16-Zoll-Räder wurden 1952 auf 15 Zoll verkleinert. Vier Jahre später wurden schlauchlose Reifen eingeführt – damals eine ganz neue Sache. Die frühen Fahrzeuge besaßen Radkappen mit Nippeln in der Mitte. An ihre Stelle traten 1947 die klassischen kuppelförmigen Radkappen, die 1966 schließlich durch die flachen Radkappen abgelöst wurden, und zwar zuerst beim damals neuen 1300er.

Die Rückleuchten – zunächst winzige »Punkte« – nahmen 1952 an Größe zu, als beide an der Oberseite ein Bremslicht erhielten – bis dahin hatte es nur eine Bremsleuchte gegeben, die in die Kennzeichenbeleuchtung integriert war. Die Rückleuchten wurden 1954 und dann wieder 1962 vergrössert, um schließlich 1972 ihre maximale Größe zu erreichen. Die Scheinwerfer wurden 1960 asymmetrisch und ab 1968 flach und senkrecht eingebaut. Die bis 1960 verwendeten Winker wurden durch Blinker auf den vorderen Kotflügeln und in

Die Rückleuchten wurden ab 1952 mit dem Einbau von Bremsleuchten (links oben) immer größer, bis sie 1972 die maximale Größe erreichten.

den Rückleuchten abgelöst. 1974 wanderten die vorderen Blinker nach unten in die Stoßstange, die 1967 ein Kastenprofil bekommen hatte.

Die Be- und Entlüftung war zunächst unzureichend. 1950 sorgten Aussparungen in den Seitenfenster für einen geringen Luftdurchsatz. Lufteinlässe in den Rückfenster erwiesen sich im gleichen Jahr als nutzlos. 1951 versuchte man es als nächstes mit Lufteinlässen in den Seitenblechen unmittelbar über und hinter den vorderen Kotflügeln. Da es dadurch aber im Innenraum »zog«, gingen die Konstrukteure im folgenden Jahr zu Ausstellfenstern über. 1970 bekam der Käfer hinter den Rückfenstern »Ohren« zur zusätzlichen Belüftung, und gleichzeitig erhielt der 1500er Luftschlitze in der Motorhaube, die die Wärmeableitung im Stand verbessern sollten.

Zugeständnisse an den Luxus kannte der Käfer zunächst kaum, doch als dann Exportüberlegungen angestellt wurden, kam auch Sonderausstattung ins Angebot. Die ersten Sitze waren noch eine simple Angelegenheit – einfacher Wollstoff über einer bescheidenen Roßhaarpolsterung. Die Exportmodelle hingegen besaßen Armstützen und verstellbare Vordersitze. 1954 und noch einmal zwei Jahre später wurden die Sitze etwas bequemer gestaltet. 1950 wurde ein über die volle Dachlänge reichendes Faltdach als Sonderausstattung angeboten, dessen Segeltuch 1965 durch wetterfestes PVC ersetzt wurde. 1964 gab es zum ersten Mal ein Stahlschiebedach als Sonderzubehör. Exportüberlegungen sorgten auch für eine größere Auswahl an Lackierungen mit lebhaften Farben, feiner abgestuften dunkleren Farboptionen und Chromleisten anstelle der Standardlackierung in Graublau. 1961 erhielt der Käfer zum ersten Mal eine Lenkradverriegelung, Gurtbefestigungspunkte und eine Tankanzeige.

Die Hupe befand sich ab 1950 hinter einem Ziergrill unten an der Vorderseite. Vorher hatte sie hinter der Stoßstange gesessen. 1952 erhielt der Grill

1950 sollten Einsparungen in den Seitenfenstern die Be- und Entlüftung verbessern.

Ein weiterer Versuch, die Be- und Entlüftung im Innenraum zu verbessern, führte nur dazu, daß es im Kniebereich zog. Er wurde deshalb schnell wieder eingestellt.

eine ovale Form und war beim Exportmodell verchromt. Auf der anderen Seite befand sich stets ein passender Ziergrill, hinter dem aber nichts steckte. Der Grill verschwand 1967 bei allen Modellen außer dem 1200er (bei dem er noch bis 1973 beibehalten wurde). 1955 traten zum ersten Mal die Doppelauspuffrohre in Erscheinung, und Ende der sechziger Jahre wanderte der Tankstutzen, der von Anfang an über dem Reserverad gesessen hatte, nach außen in das Seitenblech. Die Türgriffe, die als im rechten Winkel zu bewegende Türdrücker begonnen hatten, wurden 1959 zu festen Griffen mit Druckknöpfen und 1967 leicht verbessert. Im gleichen Jahr erfolgte die Umstellung auf eine 12-Volt-Anlage – Schluß mit trübem Licht und Überlastung.

Das ursprüngliche Armaturenbrett war eine einfache Angelegenheit mit zwei Abschnitten, von denen der eine den Tachometer und der andere das VW-Logo enthielt (in den Exportmodellen befand sich an dessen Stelle eine Uhr). Es gab zwei Ablagefächer für Kleinigkeiten. 1952 wurde das Armaturenbrett verbessert und erhielt in der Mitte einen Ziergrill für einen Lautsprecher. Der Tachometer war jetzt direkt in das Armaturenbrett eingebaut. Das Einbaufach für das Radio war von einer Abdeckplatte verdeckt. Das Ablagefach für die Kleinigkeiten erhielt einen Deckel und verdiente sich damit wohl den Namen »Handschuhfach«. Zwei Jahre später wurde der Anlasser in den Zündschalter integriert. Nach einer erneuten Verbesserung des Armaturenbretts im Jahre 1958 umgab das Lautsprechergitter den Tachometer, so daß Platz war für ein größeres Handschuhfach und ein Radioeinbaufach in der Mitte. Der 1300er und der 1500er erhielten 1970 ein gepolstertes Armaturenbrett, und 1973 ersetzten beim 1303 Kunststoff-Formteile das erfreulich simple Metall der Vergangenheit. Ab 1951 trug der Käfer auf der Kofferraumhaube unmittelbar über dem Griff das Wolfsburger Wappen, das ab 1960 in stilisierter Form verwendet wurde, ehe es 1963 verschwand. Bei späteren Modellen war unmittelbar unterhalb der Windschutzscheibe auf der Kofferraumhaube das runde VW-Zeichen zu finden.

Der letzte Käfer lief in Wolfsburg im Juli 1974 vom Band. Er trug die Nummer 11 916 519. Aber die Fertigung lief weiter – in Emden und Brüssel, in Brasilien und Mexiko und in anderen, kleineren Werken auf der

Die frühen Sitze waren einfach, boten aber guten Halt. Die Kissen in passendem Stoff waren als Zubehör ab Werk lieferbar.

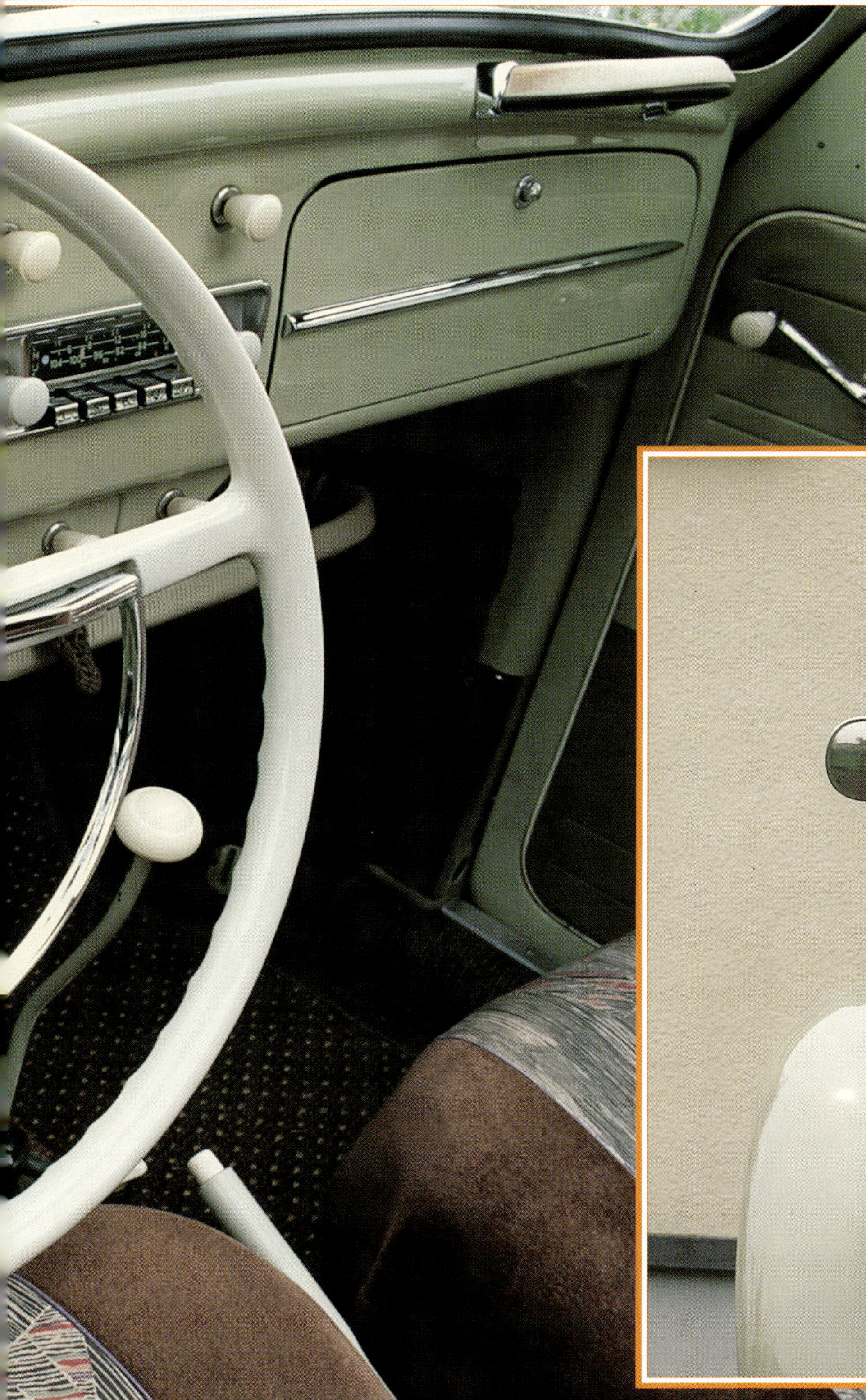

Das Armaturenbrett des Käfers bot sich bis in die siebziger Jahre klassisch einfach dar. Kleines Bild: Diese stilisierte Form des Wolfsburger Wappens wurde 1960 eingeführt, um schließlich drei Jahre darauf ganz zu verschwinden.

1960 kam das Aus für die Winker.

ganzen Welt. Der letzte deutsche Käfer – Nr. 16 255 500 – wurde im Januar 1978 in Emden gefertigt. Von diesem Zeitpunkt an kam der Käfer für Europa aus dem VW-Werk in Mexiko. In Brasilien erblickte im Mai 1981 der zwanzigmillionste Käfer das Licht der Welt, nachdem die 1-Million-Marke im August 1955, die 5-Millionen-Marke im Dezember 1961, die 10-Millionen-Marke im September 1965 und die 15-Millionen-Marke im Februar 1972 passiert worden waren.

Bei den letzten Käfermodellen waren die vorderen Blinker in die Stoßstange integriert, so daß die Kotflügel wie bei den ersten Fahrzeugen wieder schmucklos waren.

Vorhergehende Seite: Ab 1978 kamen die Käfer für Europa, darunter auch dieses Jubiläums-Sondermodell in strahlendem Silber, aus Mexiko. Olé!

4 UNGEWÖHNLICHE KÄFER

In den siebziger Jahren kamen Sondermodelle in Mode. VW baute 1972 drei Sondermodelle des Käfers: In Großbritannien markierte der »GT Beetle« das Erreichen der Produktionszahl von 30000 Fahrzeugen. Er wurde in einer begrenzten Auflage von 2500 Exemplaren auf der Basis des 1300er gebaut, bekam aber den 1600er Motor und Sportfelgen mit auf den Weg. Hinzu kamen der »Marathon«, mit dem VW die Tatsache feierte, daß der Käfer den vom Ford T gehaltenen Fertigungsrekord von 15007033 Exemplaren übertroffen hatte, und ein Sommermodell – der »June Bug« (Junikäfer).

Weitere Sondermodelle waren der Jeans-Käfer in hellem Gelborange mit nahtartigen seitlichen Streifen und blauen Sitzbezügen und der Schokoladen-Käfer, ein beliebtes Sondermodell des 1303 in Braun mit beigefarbenen Verzierungen.

Wohl jeder erkennt hier auf Anhieb den Volkswagen – das stromlinienförmige VW-Zeichen dient nur als Bestätigung.

Der »Sun Bug« (Sonnenkäfer) war in den Farben Hellorange und Hellgelb erhältlich, und die letzte in Deutschland produzierte Serie des Käfers, der schlichte 1200L, erhielt die Bezeichnung »The Last Edition«.

In Deutschland war die Käferfertigung im Jahre 1982 zwar schon drei Jahre lang Geschichte, aber in Brasilien wurde fleißig weiter produziert. Dort lief im Mai des Jahres das zwanzigmillionste Exemplar vom Band. Zur Feier dieser herausragenden Leistung erschien in einer begrenzten Auflage von 200 Exemplaren der »Silver Bug« in Silbermetallic-Lackierung mit schwarzen Streifen über den Trittbrettern und, als Hinweis auf die besondere Bedeutung, dem Logo »20 Millionen«.

Relativ günstig in Anschaffung und Unterhaltung, ist der Käfer das ideale Fahrzeug für den Autobegeisterten – sei es als Wald- und Wiesenauto, für ernsthafte Restaurierungsversuche oder um die eigenen Vorstellungen von einem Auto zu verwirklichen. Dabei sind schon die verrücktesten Sachen herausgekommen, beispielsweise der »California-Look«, bei dem der Käfer in seiner ganzen Form vergrößert wurde, und die Offroad-Käfer mit ihrer hohen Aufhängung, den fehlenden Seitenblechen und der Rennausrüstung.

Überall wächst das Interesse an Käfer-Rennen. Ein Beispiel dafür ist der »Big Boys' Toys Beetle Cup«. Alle Fahrzeuge müssen dabei bestimmten Normen entsprechen. Alle haben

Ein Käfer-Sondermodell ist keine Gewähr für gutes Wetter – hier ein »Sun Bug« an einem ziemlich trüben Tag in den Niederlanden

Motoren, die zwischen 75 und 90 PS leisten und den Wagen auf eine Höchstgeschwindigkeit von 175 bis 185 km/h beschleunigen. Sie verbrauchen bleifreies Superbenzin und haben Pendelachsen mit Scheibenbremsen vorn und Trommelbremsen hinten, jeweils mit Rennbelägen. Martin Sweeney, der Besitzer von »Mr. Blobby«, berichtet, daß bei seinem Wagen, der mit einem Rennmotor mit 1641 cm^3 Hubraum ausgestattet ist, nach spätestens vier Rennen der Aufbau neu hergerichtet werden muß. Einmal im Jahr muß der ganze Wagen neu aufgebaut werden.

Auch das Interesse am Drag-Racing mit dem Käfer wächst. Dort gibt es verschiedene Klassen für normale Fahrzeuge mit Straßenzulassung, für speziell für Rennen getunte Fahrzeuge mit Straßenzulassung und für Fahrzeuge, die sehr schnell sind und wie Käfer aussehen, in Wirklichkeit aber fast kein Käfer-Teil mehr in sich tragen.

Am anderen Ende der Skala steht die sanfte Kunst, seinen Käfer nach seinen eigenen Wünschen zu gestalten und seine Persönlichkeit hervorzuheben, sei es mit einer neuen Lackierung, durch Arbeiten an der Karosserie, durch Zubehör oder schlicht und einfach durch einen passenden Namen. Viele Käfer heissen »Herbie« nach dem gleichnamigen Film-Käfer. Wenn er seinem Vorbild entsprechen soll, muß ein Herbie weiß mit roten, weissen und blauen Streifen sein, ein Schiebedach besitzen und auf Haube und Türen die Zahl »53« im Kreis tragen.

Orangefarbener Jeans-Käfer – der blaue Jeansstoff fand sich auf den Sitzen.

Rechts oben: Ein Schwimmwagen wäre hier wohl angebrachter

Rechts unten: Für diese Art von Geländesport sind Buggies auf Käferbasis ideal

Einer von 200, einer von 20 Millionen: Der »Silver Bug« und sein kariertes Innenleben

GMB
FD
JT 242

KB
48-KS

Der Motor von Gary Angells Drag-Racer

Gary Angells Käfer in vollem Einsatz in der »Superstreet«-Klasse auf dem Kurs von Avon Park

M74
Gary Angell
Bugbear
GERMAN CAR COMPANY
MODIFIED CHAMPIONSHIP
EHC-306F

TEAM
ELITE
ENGINEERING
STAINLESS STEEL
PROCESS
ENGINEERS
TO THE FOOD
& BREWING
INDUSTRY
SPAX
COOL IT
Thermo-tec

CYCLONE
WHEELS
60

Seite 58/59: »Mr. Blobby« ist ein 73er 1300L, der von Martin Sweeney im »Big Boys' Toys Cup« eingesetzt wird.

Käfer-Rennen jeglicher Art erfreuen sich weltweit wachsender Beliebtheit.

Im Rennen benimmt sich »Mr. Blobby« hoffentlich besser als sein Namensvetter aus dem Fernsehen.

77
CYCLONE

582

Ein schöner Käfer von 1956 mit allem möglichen Zubehör aus der damaligen Zeit

5 DIE VW-FAMILIE

Verständlicherweise konzentrierte Nordhoff sich zunächst auf nur ein Modell, dessen Potential er klar erkannt hatte. Aber schon 1947 gab es Überlegungen zu einem Lieferwagen auf der Basis des Käfers. Bereits 1949 war dessen Erprobung abgeschlossen, und im März 1950 kam der Transporter Typ 2 auf den Markt. Seine Konzeption war einfach: Wo der Käfer Menschen transportierte, sollte der Transporter Lasten befördern. Auf der Konstruktion des Käfers aufbauend, begann der Typ 2 als simpler Lieferwagen, um schon bald darauf als Kleinbus, Servicefahrzeug, Pickup und Camper zu debütieren. Den Höhepunkt auf der Beliebtheitsskala erreichte der »Bus« in den sechziger Jahren als Campingfahrzeug, und es ist noch gar nicht so lange her, daß er in psychedelischer Aufmachung als »Transporter für die ganze Familie« beworben wurde.

Die Käferproduktion hatte die Fünfmillionenmarke über-

Der Typ 3 – nicht gerade einer der größten Erfolge, aber immerhin beliebt genug, um zwölf Jahre in der Fertigung zu bleiben.

Der Typ 2 hat sich mit seiner Vielseitigkeit eine eigene Stelle in den Geschichtsbüchern gesichert. Dieses frühe Exemplar diente zunächst als Krankenwagen eines belgischen Krankenhauses und dann als Einsatzfahrzeug eines privaten Pflegedienstes.

schritten, als Volkswagen 1961 das nächste neue Modell vorstellte. Dabei handelte es sich um den Typ 3, den VW 1500. Er war nach den gleichen Grundsätzen wie der Käfer konstruiert, nämlich mit selbsttragender Karosserie, luftgekühltem Heckmotor und Aufhängung an Drehstäben. Anders als beim Käfer war der Kühlventilator jedoch liegend montiert, so daß der Typ 3 sowohl vorn als auch hinten Platz für Gepäck bot. Fahrkomfort, Fahrverhalten und Innenraum waren gegenüber dem älteren Bruder verbessert worden, was allerdings zur Folge hatte, daß der Typ 3 auch beträchtlich teurer war. Neben der Limousine gab es einen geräumigen Kombi, dem im Jahr darauf der Variant mit Fließheck folgte. Eine Kabrioversion war zwar zunächst vorgesehen, ging aber nicht in die Produktion, weil die notwendigen Verstärkungen den Wagen so teuer gemacht hätten, daß er nicht in den erforderlichen Stückzahlen zu verkaufen gewesen wäre. Der Typ 3 kam nicht im entferntesten an den Erfolg des Käfers heran, blieb aber bis 1973 in der Fertigung und erreichte eine Produktionszahl von knapp über zwei Millionen.

Im Jahre 1968 kündigte VW ein weiteres neues Modell an, den Typ 4. Die erste Version, der 411, den es als Zwei- und als Viertürer gab, wurde angetrieben von einem luftgekühlten Motor mit 1697 cm^3 Hubraum, der ähnlich wie beim Typ 3 montiert war. Hinzu kam der 412 mit 1795-cm^3-Motor. Beide

Amerikanischer Typ 2 Campingbus von 1978 – ein Westfalia-Umbau mit Zweiliter-Einspritzer

Typ 3 Variant in ungewöhnlicher, aber praktischer Aufmachung und einsatzbereit

Der – mit Vorbehalt – am besten aussehende Typ 3 mit Fließheck erschien ein Jahr nach den anderen Versionen.

Der liegend montierte Kühlventilator bot den Vorteil, daß auch im Heck Gepäck verstaut werden konnte.

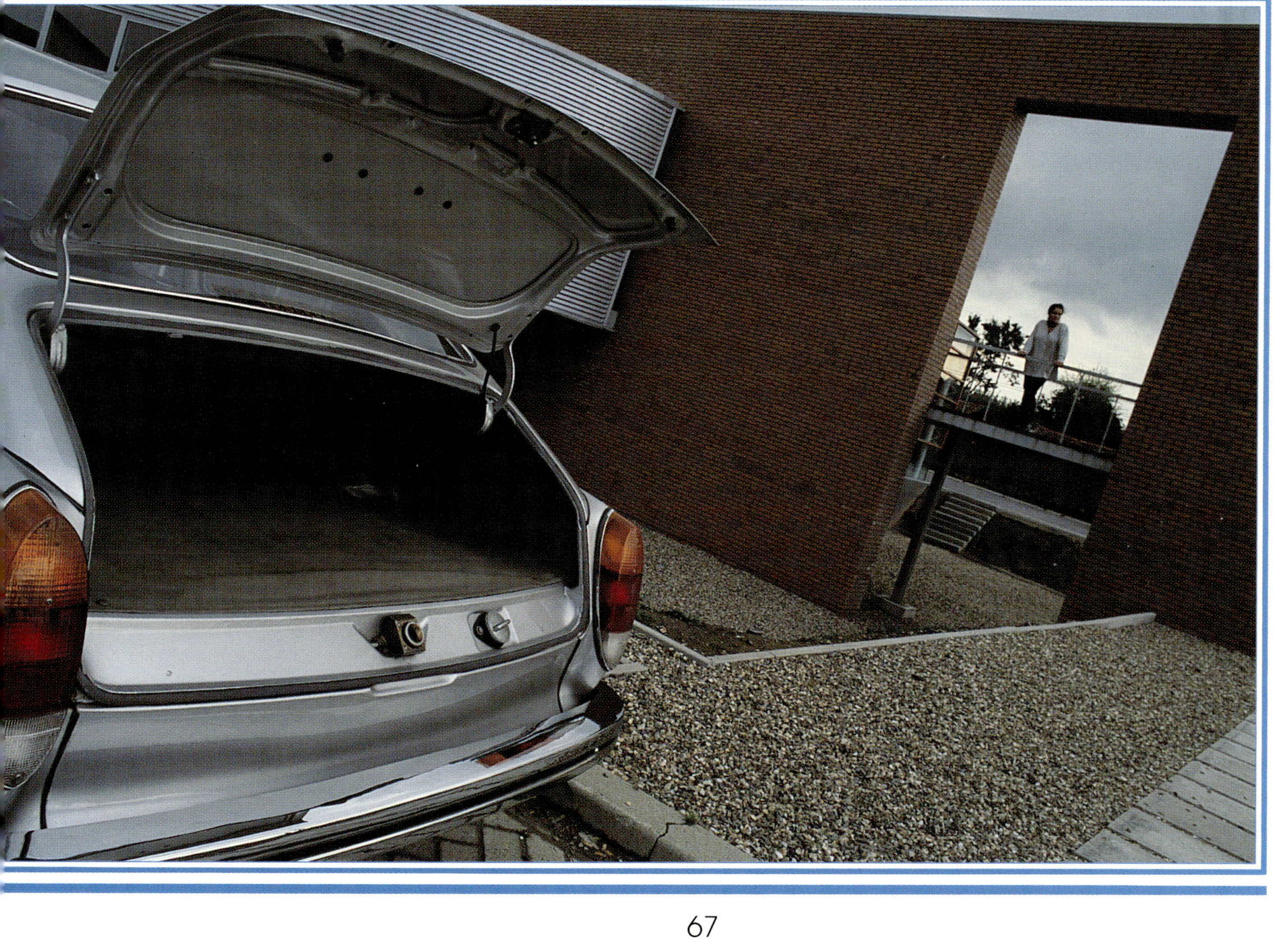

47.1

Der erste Typ 4 – der 411: Schwerfälliger und im Fahrverhalten seinem Vorgänger unterlegen

Versionen waren auch als Kombi erhältlich. Der Typ 4 erfreute sich zu keinem Zeitpunkt besonderer Beliebtheit, weil seine Aufhängung ein schwammiges Fahrgefühl vermittelte und das Heck bei scharfer Kurvenfahrt auf nassen Straßen zum Ausbrechen neigte.

Ein weiterer Wagen auf Käferbasis wurde 1969 auf dem amerikanischen Markt unter der Bezeichnung »The Thing« eingeführt. Offiziell hieß er Typ 181 und basierte auf dem etwas breiteren Karmann-Ghia-Chassis. Die britische Version, Typ 182, von der allerdings nur dreihundert Exemplare importiert wurden, lief unter der Bezeichnung »Trekker«. Die Fertigung wurde 1973 von Deutschland nach Mexiko verlegt. Trekker/Thing waren zwar als

Der 412 als Kombi: Zwar nicht sehr beliebt, aber viel Transportraum. Kurvenfahrten waren allerdings nicht seine stärkste Seite.

Vertrauter Anblick in fremder Umgebung

Freizeitfahrzeuge ausgelegt, wiesen aber viel Ähnlichkeit mit dem Kübelwagen auf. So wurden dann auch einige Exemplare für militärische Zwecke verkauft.

1969 erfolgte die Übernahme von NSU durch Volkswagen. NSU hatte einen neuen Frontriebler mit wassergekühltem Motor entwickelt, ihn aber wegen der Übernahme nicht mehr auf den Markt bringen können. Der K70 erschien dann später als VW. Er war nicht sonderlich beliebt – in fünf Jahren wurden knapp über 200000 Exemplare gebaut –, bedeutete für VW aber den Beginn eines Weges, der zu Erfolgen wie dem Passat, dem Golf und dem Polo führen sollte.

Käfer-Freizeitfahrzeug 181 – aber auf Karmann-Chassis.
Der fehlende Überrollbügel erforderte Gottvertrauen.

Der VW 181 sollte einfache Transportmöglichkeit mit etwas Spaß verbinden.

Alt und neu – der K70 bedeutete den Übergang zur Wasserkühlung und zu einem neuen Stil für die Zukunft.

6
KARMANN GHIA

Die Firma Karmann wurde im Jahr 1874 als Wagen- und Kutschbauunternehmen gegründet. Da in den Anfangstagen des Automobilbaus jedes Fahrzeug nach individuellen Maßgaben gefertigt wurde, waren die Wagenbauer genau die richtigen Adressaten. Karmann baute im Jahre 1902 das erste Automobil. Dieser Geschäftszweig bot so gute Aussichten, daß Wilhelm Karmann beschloß, sich ausschließlich darauf zu konzentrieren. Er kaufte eine bestehende Wagenbaufirma in Osnabrück und ging mit anfänglich acht Angestellten daran, sein Unternehmen aufzubauen. Karmann achtete darauf, mit dem Fortschritt Schritt zu halten, und fuhr in die Vereinigten Staaten, um sich über moderne Fertigungsmethoden und die Verwendung von Stahlkarosserien im Automobilbau zu informieren. Sein Unternehmen überlebte die harten zwanziger Jahre und wuchs Mitte der dreissiger Jahre zu einer Firma mit über 600 Beschäftigten und einem beeindruckenden Kundenstamm heran, und zwar besonders auf ihrem Spezialgebiet Kabrioletbau.

Im 2. Weltkrieg wurde das Werk in Osnabrück bei Bombenangriffen schwer zerstört. Nach dem Krieg fertigte Karmann zunächst Dinge des täglichen Bedarfs wie Möbel und Werkzeug, dachte aber schon bald wieder an den Automobilbau. Im Werk durften damals nur Reparaturarbeiten ausgeführt werden, doch Karmann drängte die britischen Besatzungsbehörden, ihm einen Käfer zur Verfügung zu stellen. Die Briten hatten bereits die Möglichkeit erwogen, ein Kabrio bauen zu lassen, und gaben schließlich nach. Karmann erhielt zwei Käfer mit dem Auftrag, Prototypen eines Kabrios zu bauen.

Eines der größten Probleme war dabei die mangelnde Steifigkeit des Käfers, nachdem das Dach abgeschnitten war. Karmann löste dieses Problem durch Verstärkungen an den Türschwellen und am Türrahmen. Das hatte jedoch zur Folge, daß das Fahrzeug 40 kg schwerer als der Käfer war. Als 1949 das Material nicht mehr so knapp war, gab Nordhoff mit Blick auf eine spätere Serienfertigung einen weiteren Prototypen in Auftrag. Als nächstes folgte eine Serie von 25 Fahrzeug für ausgedehnte Erprobungen, deren Ergebnisse allen Beteiligten klar werden ließen, daß das Käfer-Kabrio von Karmann gute Erfolgsaussichten besaß.

Vorhergehende Seiten: Das Kabrio wurde bis 1980 gebaut. Käfer-Kabrios aus der Zeit vor 1970 wie dieses schöne Exemplar von 1964 sind unter Sammlern am begehrtesten.

Dieses 64er Kabrio verfügt über ein interessantes Detail, das man nicht erwarten würde: Das herausnehmbare Radio spielt auch im ausgebauten Zustand.

Karmanns guter Ruf, was die Qualität angeht, bestätigte sich eindrucksvoll im Käfer-Kabrio.

RESTAURANT
OLYMPIA

Gleichzeitig mit Karmann erhielt auch die Firma Hebmüller & Sohn den Auftrag, eine Kabrioversion des Käfer zu bauen. Hebmüller löste das Problem der mangelnden Verwindungssteifigkeit anders als Karmann, nämlich durch zwei Z-förmige Verstärkungen an der Wagenunterseite und einen stabileren Windschutzscheibenrahmen. Das Hebmüller-Kabrio war ein Zweisitzer, dessen Motorhaube fast genau wie die vordere Haube geformt war, so daß der Wagen symmetrisch aussah; die Zweifarbenlackierung verlieh ihm ein klassisches Aussehen. Die Prototypen wurden getestet, und Nordhoff war wie beim Karmann-Kabrio mit den Ergebnissen zufrieden. Er gab bei Karmann und Hebmüller eine erste Serie von jeweils 2000 Fahrzeugen in Auftrag mit der Bedingung, daß möglichst viele VW-Originalteile verwendet werden mußten. Beide Kabrios kamen 1949 als Alternativen auf den Markt – ein Zweisitzer und ein Viersitzer als Ergänzung zur Limousine.

Binnen sechs Monaten erhielt Karmann einen Auftrag über weitere 2000 Kabrios. Weil die Firma praktisch komplette Käfer in Wolfsburg kaufte und anschließend umbaute und sich an die Maßgaben von VW zu halten hatte, ist es nicht verwunderlich, daß die meisten Änderungen an der Limousine auch auf das Kabrio übertragen wurden. 1972 erhielt das Karmann-Kabrio ein völlig neues Dach mit Stahlrahmen; ein größeres Heckfenster spie-

Auffälliges Karmann-Kabrio mit eleganten Schürzen über den Hinterrädern

gelte die Änderungen bei der Limousine wider. Das Kabrio wurde bis 1980 gebaut und kam auf insgesamt weit über 300000 Exemplare.

Dem Hebmüller-Kabrio erging es nicht so gut. Es wurde in der Öffentlichkeit gut aufgenommen, doch ein Brand im Werk kurz nach Produktionsbeginn machte seine Aussichten zunichte. Die Fertigung verlangsamte sich, und insgesamt wurden nur weniger als 700 Exemplare gebaut. Die Firma Hebmüller wurde 1952 aufgelöst, und Karmann übernahm die Produktion der letzten Hebmüller-Kabrios; das letzte verließ im Februar 1953 das Werk in Osnabrück.

Wilhelm Karmann hatte den Ruf seiner Firma auf Qualitätsprodukten für andere Hersteller begründet, und das Käfer-Kabrio bestätigte und festigte diesen Ruf. Aber er hatte schon immer ein Sportcoupé unter seinem eigenen Namen bauen wollen und erörterte diese Idee zusammen mit seinem Sohn Wilhelm, der die Firma nach dem Tod seines Vaters im Jahre 1951 weiterführte, mit seinen Geschäftspartnern in Wolfsburg und, unabhängig davon, mit Luigi Segre bei Ghia in Turin. 1953 führte Segre dem jüngeren Karmann sein neues Projekt vor – ein Coupé auf Käferbasis, das fast genau dem entsprach, was Karmann senior sich vorgestellt hatte. Segre hatte sich den Käfer über den französischen Importeur beschafft, weil Nordhoff sich geweigert hatte, ein Fahrzeug zur Verfügung zu stellen. Aber Nordhoff erhielt kurz darauf die Möglichkeit, den

Geschlossen...

Das Hebmüller-Kabrio findet immer noch Anhänger. Karosseriebausätze wie dieser aus Australien, passen für jeden Käfer. Solche Bausätze gibt es bei Spezialfirmen wie Wizard in Großbritannien.

... oder offen, das VW-Kabrio macht immer eine gute Figur.

Prototyp zu besichtigen, und erteilte ihm, abgesehen von ein paar kleineren Änderungen, seinen Segen. Das Karman Ghia Coupé stieß bei seiner Einführung im Juli 1955 zunächst auf nur mäßiges Interesse, das aber nach der Frankfurter Automobilausstellung im September schwunghaft anstieg, so daß die Produktionszahlen gesteigert werden mußten. Der Wagen war teuer in der Fertigung, weil die Blechteile aufgrund ihrer komplexen Form zum großen Teil von Hand geformt werden mußten. Der neue Karmann Ghia wurde kurz darauf zum Streitpunkt, da Chrysler behauptete, es handle sich um einen verkleinerten Doppelgänger eines Prototyps, an dem Ghia nach Plänen des Chrysler-Konstrukteurs Virgil Exner gearbeitet habe.

Im August 1957 ging neben dem Coupé eine Kabrioversion in die Produktion, die schon seit dem Bau des Prototyps drei Jahre zuvor geplant gewesen war.

Karmann baute weiterhin einen Wagen auf der Basis des VW-Typs 3, der zwar gut aussah, bei den Käufern aber nicht so recht ankam. Nach der Vorstellung im Jahre 1962 wurden in sieben Jahren nur knapp über 42000 Exemplare gebaut.

Die Firma Karmann war auch verantwortlich für den Bau des VW-Porsche 914, des Sportwagens mit Mittelmotor, der wahlweise mit VW- oder mit Porschemotor zu haben war. Die Größe der Firma machte sie zur idealen Wahl für die Fertigung dieses Wagens, weil erprobte Serienfertigungsverfahren und traditionelle Handarbeit Hand in Hand gehen. Diese glückliche Mischung hat dafür gesorgt, daß Karmann im internationalen Karosseriebau auch heute noch an vorderster Front steht und unter anderem gut aufgenommene Camping-/Mehrzweckfahrzeuge auf der Basis leichter Nutzfahrzeuge von VW baut.

Die amerikanischen Vorschriften verlangten zusätzliche Seitenleuchten, die die exzellente Linienführung des Karmann Coupés verschandeln.

Es muß nicht immer eine weiße Limousine sein – ein glücklicher Hochzeitstag in Venlo mit einem amerikanischen Karmann Ghia von 1968

LR-GP-93

Dieser gelbe Karmann Ghia 1600 ist praktisch wie neu. Der Wagen aus dem Baujahr 1974 entstand am letzten Produktionstag und hat nur 18000 km auf dem Tacho.

Dieses zweifarbig lackierte Coupé befindet sich noch im Originalzustand und wurde nicht restauriert – perfekt in jedem Detail.

Die Firma Karmann hat sich auf Kabrios spezialisiert, so daß man davon ausgehen kann, daß auch das eigene Auto als Kabrio eine gute Figur macht – und das tut es wahrlich!

Dieses Karmann Coupé basierte auf dem VW-Typ 3; leider war ihm kein besseres Schicksal beschieden als dem Typ 3 selbst.

Rückansicht des Karmann Coupés auf Typ-3-Basis – eckiger als das Coupé auf Käfer-Basis.

Das Kabrio bietet ausreichend Stauraum für zwei, die stilvoll reisen wollen; Familien mußten bei der Limousine auf Gepäckträger zurückgreifen, die aber von Anfang an erhältlich waren.

Der Vierzylinder-Boxermotor des Käfers ist bekannt für seine Langlebigkeit und Zuverlässigkeit. Luftkühlung bedeutet, daß ein Nothalt an der Wasserpumpe (rechts) nie erforderlich sein wird.